스물둘,
파리에서의 사계절

목 차

L'automne
가을

L'hiver
겨울

여는 말

파리 근교, 대학 내 국제 기숙사에 거주하며 1년간 교환학생 생활을 했습니다. 그 기간 동안 8개국 19개의 도시를 여행했고, 65번의 전시와 70번의 공연을 관람했습니다.

중학생 때 파리 한 달 여행기를 구매해 읽고 또 읽었던 적이 있는데 어느덧 10년이라는 시간이 흘러 파리에서 1년이라는 시간을 보냈고, 또 제가 책을 쓰게 되었네요. 참 신기합니다.

그런데 글을 쓴다는 게 조금 주저되기도 했어요. 지금 옳다고 믿었던 것들이 나중엔 아닐 수도 있을 거예요. 그 반대일 수도 있고요. 하지만 앞으로 살아가면서 깨닫게 될 것들도 많고 생각은 누구나 다 머물러있지 않고 계속 변하는 거잖아요. 그래서 이 감정이나 이런 생각들은 그저 딱 22살 프랑스에서의 '저'라고 생각해요.

대학교에 다니면서 이미 제 세상이 한번 크게 커졌었는데 이번에 파리에서의 1년 동안 그 세상이 더욱 넓어졌어요. 더 다양한 생각들

과 삶의 모습들이 존재한다는 걸 알게 되었습니다. 또 아예 겪어보
지를 않아서 상상조차 하지 못했던 그런 세상도 마주할 수 있었고
요. 그래서 이번 1년은 여러모로 참 소중하고 잊지 못할 시간이 되
었습니다.

제가 10년 전쯤 파리 여행기를 읽고 파리를 꿈꾸게 됐던 것처럼
이 책도 누군가에게 그런 꿈을 꾸게 하는 책이 되었으면 좋겠습니
다. 또 공감과 위로마저 된다면 정말 좋을 것 같아요. 이 책을 선택
해 주셔서 감사드립니다. 좋은 시간이 되었으면 좋겠습니다.

파리 교환학생 vs
뮤지컬 공연

　나는 대학교에서 프랑스언어·문화와 문화콘텐츠를 전공하고 있다. 그리고 프랑스언어·문화학과에는 파리 근교 대학교에서 학기를 대신할 수 있는 현지 학기제가 있는데, 이 현지 학기제는 나의 '꿈'이었다.

　프랑스 현지 학기제를 가고 싶었던 이유로는 첫 번째, 꽤 어릴 적부터 외국에서 살아보고 싶은 열망이 있었다.

　두 번째, 예술을 좋아하기 때문이다. 그래서 예술의 나라인 프랑스에서 많은 것들을 경험해보고 싶었다.

　세 번째, 외국에서의 경험은 가치관을 달라지게 해줄 수 있다는 얘기를 많이 들었는데, 대체 어떻게 달라진다는 건지 이해가 잘되지 않았다. 그래서 직접 겪어보고 싶었다.

　하지만 원한다고 다 갈 수 있던 것은 아니기에 쉽지만은 않았던 시간을 거쳐 현지 학기제에 합격할 수 있었다. 그리고 곧 비자를 준비해야 하는 상황이 왔다. 그러나 막상 현실로 다가오니 유럽의 치안에 대한 두려움도 컸고, 무엇보다 연기를 계속하고 싶었다.

나는 극단에 들어가 연극 공연을 준비하고 있었고, 파리에 가게 된다면 준비하던 공연은 끝내고 갈 수 있었지만 다음 작품에는 참여할 수 없었다. 심지어 다음 작품은 뮤지컬이었다. 뮤지컬은 처음이었고, 여러모로 나에겐 의미가 큰 장르여서 더욱 끌렸다.

또한 나는 연기를 하며 충분히 행복한 현재를 보내고 있었기에 예전부터 간절히 원하던 것이긴 하지만 무슨 일이 일어날지 모르고 현재로서는 두려움만 가득한 파리 교환학생을 꼭 가야 하나? 하는 생각도 들었다. 그래서 주변 사람들에게 조언을 구했는데 모두가 파리 교환학생을 가야 한다고 얘기해주었다.

그러나 무대에서의 공연 또한 정말로 소중한 일이었다. 파리에서의 1년과 무대에서의 공연 둘 다 나에게는 흔한 기회가 아니었다.

그렇게 마지막까지 고민하다가 친구들을 따라 비자 발급을 준비하기 시작했다. 파리를 선택한 것이다. 어떠한 1년이 될지는 모르겠지만 분명 많은 것들을 경험할 수 있을 시간을 말이다.

공연은 앞으로도 내가 계속할 일이라고 생각했지만, 파리에서의 1년은 이번이 아니면 안 될 것 같았다. 당장 일주일 휴가를 내고 여행을 가는 것도 어려운 내 주변의 어른들을 보면 말이다. 그리고 나중을 생각한다면 이러한 경험들이 내 인생에도, 결국엔 연기를 하는 데도 도움이 될 거라고 생각했다.

하지만 파리에 가는 날이 가까워질수록 연극을 하며 생기는 추억들이 더 많아졌고, 그렇게 연극에 대한 사랑이 커갈수록 파리가 너무 싫어졌다. 그래서 가기 싫다는 말도 정말 많이 했었다.

그러나 시간은 계속 흘러 다른 단원들은 다음 작품을 준비하게 됐고, 나는 마지막 연습실을 나오며 엉엉 울었다. 그렇게 파리를 원망하며, 파리에 가게 되었다.

L'automne,

가을

30

La tour Eiffel

L'automne, 가을

L'Arc de triomphe

L'automne, 가을

L'automne, 가을

Le Moulin Rouge

L'automne, 가을

La fontaine Médicis

L'automne, 가을

La Seine

L'automne, 가을

Le Jardin du Luxembourg

L'automne, 가을

L'automne, 가을

첫날

12시간이 지나 5명의 친구들과 함께 프랑스 샤를 드골 공항에 도착했고, 교수님과 담당자님께서 우리를 데리러 와 주셨다.

기숙사에 도착해 환영의 의미로 미리 준비해주신 바게트, 하몽, 멜론, 치즈 등을 저녁으로 먹었는데 내가 평소에 먹던 음식들과는 확연히 다른 저녁 식탁 모습에 프랑스에 온 게 실감이 났다.

저녁까지 먹고 나니 너무 피곤해서 잠이 솔솔 몰려왔다. 하지만 담당자님께서는 프랑스에 처음 도착한 우리를 위해 파리 투어를 기획해 주셨고, 우리는 몽롱한 상태로 차에 탑승했다.

그렇게 비 오는 파리 곳곳을 돌아다녔는데 애써 눈을 뜰 때마다 창밖은 에펠탑, 개선문, 알렉상드르 3세 다리 등 아름다운 것들로 가득 차 있었다. 아주 멋진 꿈을 꾸는 기분이었다.

집에 돌아와서 일기를 쓰는데도 내가 오늘 본 모든 것들이 꿈만 같았다. 직접 보고도 믿기지 않는 것들 투성이다.

L'automne, 가을

L'automne, 가을

파리 곳곳을 돌아다니다

평일에는 각종 수업과 행정 처리 때문에 바쁜 시간을 보냈고, 주말을 이용해 파리를 관광하기 시작했다.

사실 한국에서의 나는 삶에 약간의 권태를 느끼고 있었다. 항상 똑같은 버스를 타고 똑같은 학교에 가고, 익숙한 풍경을 보고 익숙한 사람들을 만나고 특히 유치원부터 대학교까지 모두 같은 지역에서 다녔기에 더더욱 어려울 것도, 새로울 것도, 특별할 것도 없는 나날들이었다.

그런데 파리라는 도시에서는 매일이 처음 보는 것들, 처음 해보는 것들로 가득 찼다. 가도 가도 안 가본 곳들이 나와서 지루할 틈이 없었다. 모든 게 다 신기했던 어릴 때의 나로 되돌아간 기분이 들었다.

La Place des Vosges

보주 광장은 내가 중학생이었을 때 나의 핸드폰 배경화면이었다.
이름도 장소도 모른 채 그저 예뻐서 해 놓은 것이었는데
결국엔 내가 이곳에 있다니,
그때의 나에게 선물을 주는 기분이 들었다.

L'automne, 가을

La Sainte-Chap

L'automne, 가을

생트 샤펠 성당에는 다른 성당과는 비교할 수 없는 공간이 있다.
바로 2층인데 이곳은 삼면이 화려한 스테인드글라스로 장식돼 있다.
이 아름다운 공간에 빠져 오랜 시간 앉아있었다.

그러다 보니 한 가지 공통점을 발견하기도 했는데,
계단을 올라와서 처음 이 광경을 마주하는 이들의
행동과 표정이 다 똑같다는 것이다.

다들 눈이 커지며 놀란 표정으로 감탄사를 내뱉는다.
그 후 아주 예쁘게 미소 지으며 행복해한다.

이곳을 만든 사람들은 정말 멋진 것을 남기고 떠났구나 하는 생각이 들었다.

L'automne, 가을

낭만적인 인생

Musée de la Vie romantique 낭만주의 미술관

전날 밤, 내일은 어디를 가볼까 하며 구글 지도를 보다가 알게 된 장소이다. 미술관의 이름도 마음에 들었고, 이렇게 우연히 발견하게 된 것도 참 재미있다는 생각이 들어 찾아가게 되었다. (나는 낭만적인 인생이라고 해석했었지만, 원래는 낭만주의 시대를 의미한다고 한다.)

꽃과 관련된 아름다운 그림들이 많았는데 평소에 꽃을 좋아하다 보니 더더욱 눈을 떼기가 어려웠다. 굳게 마음을 먹고 한 걸음 갔다 가 이내 다시 돌아와서 또 보곤 했다.

전시를 다 봤는데도 왠지 쉽게 발이 떨어지지 않았고, 이 미술관을 배경으로 기념사진을 남기고 싶었다.

하지만 부끄러운 마음에 누구에게도 사진을 부탁하지 못한 채 벤치에 앉아있었는데, 그때 한 할머님이 다가와 말을 거셨다.

"옆에 앉아도 될까?"

"네. 당연하죠. 앉으세요."

그렇게 우린 오늘 전시에 대한 감상평과 더불어 긴 대화를 나눴고, 잘 이해가 안 됐을 때는 프랑스어 사전을 이용해 단어로 소통하기도 했다.

할머님은 나에게 오래된 친구 같다는 말도 해주셨는데, 이 말이 그 어떤 말보다도 참 따뜻하고 감사하게 느껴졌다. 또 나도 그렇게 느꼈었다. 프랑스어를 말하는 게 무섭지 않고 편안했기 때문이다.

마지막으로 할머님은 사진을 같이 찍자고도 해 주셨다. 미술관에서 사진을 남기고 싶어 떠나지도 못하고 얘기를 꺼내지도 못하고 이리저리 배회하던 나의 마음을 아셨던 걸까?

그 후 우리는 함께 사진을 찍고 번호를 교환했고 아쉬운 마음에 오래도록 포옹을 하다 헤어졌다.

나는 처음 내가 소망했던 것보다 훨씬 기억에 남는 예쁘고 값진 사진을 남길 수 있었다. 미술관 이름에 걸맞은 하루였다.

"Corbeille et vase de fleurs" de Gerardus Van Spaendonck
Le Château de Fontainebleau

L'automne, 가을

파리의 야경

친구와 루브르 박물관 지하에 있는 극장에서 연극을 보고, 감상평을 나누며 계단을 따라 밖으로 나오던 때였다. 그때 우리 눈 앞에 펼쳐진 황홀한 파리의 야경. 우리는 동시에 침묵하였다가 동시에 감탄이 섞인 탄성을 내뱉었다.

앞에는 금빛 불빛들과 함께 루브르 박물관이, 뒤에는 에펠탑이 반짝이고 있었다. 파리가 예쁜 건 알았지만 이렇게 감동적으로 다가온 건 처음이었다. 아, 역시 해가 지고 난 뒤에 파리는 또 다른 모습이구나. 파리가 왜 사랑에 빠지기 좋은 도시인지 알 것 같았다.

그렇게 우리는 솔솔 불어오는 바람과 함께 루브르 박물관 앞에 앉아, 파리의 금빛 불빛 아래 낭만을 만끽했다.

처음은 누구에게나 어렵다

도착 다음 날, 기숙사 행정팀에서 서류를 작성하기 위해 기다리던 때엔 스트레스성 위경련이 왔다. '내가 말을 못 알아들으면 어떡하지?', '제대로 못 적으면 어떡하지?' 등등 무수한 두려움이 컸기 때문이다.

교통권을 끊는 것도, 핸드폰 유심을 사는 일도, 은행 계좌를 여는 것도 다른 사람들의 도움이 있어야만 할 수 있었다. 또 인터넷으로 연극을 예매하는 일도 5번의 실패 끝에 겨우 성공했다.

항상 친구들과 다니다가 처음으로 혼자 지하철 문을 나서던 날도 생각난다. 손이 벌벌 떨렸고 눈앞이 깜깜했었다.

프랑스어로 된 세탁기의 이용 방법을 몰라 돈을 잃기도 했다. 나중에 얘기를 나눠보니 나와 같은 친구들이 몇 명 있었다. 또 건조기를 세탁기로 착각해 그곳에 빨래를 하는 친구도 나왔다. 아, 우리 기숙사는 지금 매우 혼란스럽다. 모두가 처음이라는 시간을 넘는 중이다.

한국에서 너무나도 손쉽게 할 수 있던 일들이 이제는 당연하지 않은 게 되어버렸다. 하루하루 자괴감의 연속이다.

샤르트르 여행

샤르트르라는 파리 근교 도시로 친구들과 떠나게 되었다.
그전까지 행정 처리에, 적응에, 수업에
정말 바쁘게 지내다가 이제야 겨우 한숨을 돌리고
처음으로 떠나게 된 여행이었다.

게다가 저녁 열차라 그런지 괜히 더 설렜다.

L'automne, 가을

늦은 밤이었고 비가 내려서 그런지 사람이 거의 없었다.
우산도 없이 비 오는 샤르트르 거리 곳곳을 돌아다녔다.

돌아와서는 큰 소파도 있었지만,
침대 하나에 옹기종기 모여 별 것 아닌 얘기에도 웃고 떠들다가 잠들었다.

L'automne, 가을

L'automne, 가을

L'automne, 가을

L'automne, 가을

친구들은 옷 가게를 구경했고, 흥미가 없던 나는 그 근처를 둘러보고 있었다.
그때 꽃 매대를 발견하게 됐고 마침 찾고 있던 파란색 꽃을 구매할 수 있었다.
그 후 밖으로 나온 친구에게 꽃을 선물했다.

친구가 좋아하는 색의 꽃을 찾을 수 있어 다행이었다.

L'automne, 가을

L'automne, 가을

센강에서 춤을

기숙사에서 캐나다인 친구의 생일파티가 열렸다. 20명이 넘는 다양한 국적의 사람들이 모였다. 기숙사에서 열리는 파티는 이런 식이다. 누군가는 대화를 하고 누군가는 춤을 추고 누군가는 술을 마신다. 그리고 기숙사 친구들뿐만 아니라 같은 학교 친구 혹은 친구의 친구까지 온다. 그만큼 다양한 사람들을 만날 수 있는 곳이다.

파티가 끝난 후 8명의 친구들과 센강으로 떠났다. 우리들의 국적은 한국, 이탈리아, 캐나다, 볼리비아, 프랑스, 호주, 영국으로 정말 다양했다.

강가에 쪼르르 앉아 노트르담대성당을 보며 얘기를 나누기도 했고, 영국인 친구가 캐나다인 친구에게 왈츠를 가르쳐 주기도 했다. 순간 그 주위 모든 것들이 멈췄고, 그 둘밖에 보이지 않았다. 내 눈앞에 영화가 펼쳐진 느낌이었다. 조심스럽게 춤을 추고 있는 둘의 모습과 센강에 비친 금빛 불빛이 잘 어울렸다. 앞으로도 계속 기억하고 싶은 파리 생활의 명장면 중 하나이다.

그렇게 우린 긴 시간 동안 노래를 듣고 대화와 춤을 나누며 새벽을 보냈다.

바르셀로나 여행

결정을 하는데 걸린 시간 10초

　시험공부를 하고 있던 때였다. 나는 어려운 프랑스어에 화가 났고, 이 스트레스를 해소하기 위해선 무언가 소비해야만 했다. 그렇게 비행기 표 사이트에 들어갔는데, 가장 저렴한 바르셀로나행 비행기 표가 눈에 띄었다. 그 후 '바르셀로나? 사그라다 파밀리아? 가자!'라는 생각을 10초 동안 끝냈고, 바로 표를 구매해버렸다.

　프랑스에 오기 전에 여행하고 싶은 나라 목록을 적어본 적이 있었는데 한 번도 스페인이라는 나라를 생각해본 적은 없었다. 하지만 나는 이렇게 첫 여행지로 스페인의 바르셀로나를 가게 되었다. 인생은 참 알 수 없다.

　그러나 이때의 선택 덕분에 나는 나와 똑 닮은 친구를 사귈 수 있었고, 바르셀로나는 파리 다음으로 내가 좋아하는 도시가 되었다.

L'automne, 가을

수많은 우연

바르셀로나행 표를 사고 얼마 지나지 않아 즉흥적으로 에펠탑을 보러 나왔다가, 우연히 한국인들을 만나 같이 술을 마셨었다. 그리고 그곳에 이 친구가 있었다.

우리는 이름과 나이 그리고 둘 다 바르셀로나 여행을 갈 거라는 잠깐의 대화만을 나눌 수 있었고, 나는 막차 시간이 얼마 남지 않아 급하게 뛰어야만 했다.

그렇게 마지막 인사를 나누고 뛰어가다가, 멈춘 후 다시 돌아갔다. 할까 말까 많이 고민했던 말이 있었는데 꼭 해야겠다는 용기가 생겼기 때문이었다. 그 후 "너 번호 알려주라! 우리 같이 바르셀로나 여행할래?"라고 물었고 "응! 좋아!"라는 대답을 들을 수 있었다.

그렇게 우리는 같이 여행을 하기로 약속했고 바르셀로나에서 다시 만났다. 하지만 이때까지도 나는 이 아이를 잘 몰랐다. 그날 잠깐 만난 게 다였고 그 이후로도 연락을 하며 지내지는 않았기 때문이다.

그래서 사실 '같이 여행을 할 수 있을까?'라는 고민을 했던 적도 있었는데 그런 고민의 시간이 무색하게 우리는 놀라울 정도로 똑같은 점이 많았고, 시간이 가는 게 아쉬울 만큼 함께라서 즐거운 여행을 할 수 있었다.

우리는 인터넷으로 맛집을 검색해 찾아가는 것보다는 그냥 마음이 이끄는 곳으로 들어가는 것을 더 좋아했다. 모험을 해보는 거다. 행여나 맛이 없거나 안 좋았더라도 겪어봤다는 것에 의의를 둔다. "절대 후회하지 마라. 좋았다면 추억이고 나빴다면 경험이다."라는 캐롤 터킹턴의 말처럼!

밤에는 바르셀로나의 야경을 바라보며 이어폰을 한쪽씩 끼고 노래를 들었다. 배터리가 얼마 없어 소중하게 아껴 들어야만 했다. 그때 친구가 "나 이거 지금 꼭 듣고 싶어. 내가 진짜 좋아하는 노래가 있는데…."

하면서 재생한 그 노래는 나도 정말 좋아하던 노래였고 그렇게 우리는 음악 취향도 맞았다.

그 외에도 항상 같은 생각을 했다. 그리고 혹시나 상대방이 싫어할까 봐 말을 꺼내지 못하는 것 또한 똑같았다. 그러다 한 명이 조심히 얘기를 꺼내면 "야! 나도 그거 말하고 싶었어! 좋은 생각이야!"라며 맞장구를 치곤 했다. 사실 우리가 처음 만난 날에도 나에게 바르셀로나 여행을 같이하자고 말하고 싶었다고 했다. 그래서 내가 다시 돌아와서 얘기를 꺼냈을 땐 정말 좋았다고.

그날 내가 귀찮아하지 않고 에펠탑에 갔던 게 다행이라는 생각이 든다. 왜 갑자기 에펠탑에 가고 싶어졌던 걸까. 이 친구를 꼭 만나려고 그랬나 보다. 화나는 프랑스어 공부로부터 시작된 수많은 우연이 모여 결국은 인연이 되었다.

바르셀로네타

바르셀로나의 가장 좋은 점은 바다와 가까운 도시라는 것이다. 도심에서 버스를 타고 30분만 가면 도착이다. 버스를 타고 바다로 향하는 그 시간도 즐겁다. 창밖으로 보이는 바르셀로나의 풍경 그리고 점점 보이는 바다의 모습들이 나를 설레게 한다.

바르셀로네타 해변에 도착해 가만히 앉아 노래를 듣고 있었는데, 추운 날씨에도 불구하고 바다에 들어가는 중년의 남녀가 있었다. 다른 사람들의 눈치는 보지 않는 것 같았다. 아니 사실 그들에게 눈치를 주는 사람들이 없었는지도 모른다. 추위 따윈 별것 아니라는 듯 환하게 웃으며 바다를 만끽하는 그들의 모습은 자유롭고 행복해 보였다.

그런데 그만 바닷물이 넘쳐서 그들의 핸드폰과 옷 등 모든 짐들이 다 젖어버리고 말았다. 하지만 그들은 화를 내기는커녕 재밌는 상황이라는 듯 서로를 바라보며 크게 웃었고, 잠시 밖으로 나와 짐을 더 멀리 치우더니 다시 바다로 돌아갔다.

그 모습들이 나에겐 많은 생각을 하게 해주었다. 웬만한 일이 아니면 저 사람들을 화나게 할 수 없을 것 같았다. 최악의 하루가 될 수도 있었지만, 그들은 그들만의 방식으로 최고의 하루를 지켜나갔다.

L'automne, 가을

L'automne, 가을

시를 읽어주다

프랑스에 오기 전 짐을 쌀 때 나의 캐리어에 가장 많은 부분을 차지했던 건 책이었다. 한국에서는 바쁜 생활에 책 한 권 제대로 읽는 게 힘들었는데, 파리에서는 한국에서보다 할 일이 현저히 적고 공원도 많으니까 여유롭게 책을 다 읽고 와야지라는 생각이었기 때문이다.

그 시기에 내가 가장 관심이 있었던 작가는 헤르만 헤세였기에 들고 온 책 중에는 그가 쓴 데미안과 시집도 있었다. 그리고 마침 우리 기숙사에는 문학을 전공하는 독일인 친구가 있었고, 이날은 이 친구가 혼자 2층 테라스에 앉아있었다.

그래서 나는 그에게 다가가 헤르만 헤세의 데미안과 시집을 보여줬고, 그는 나의 책을 훑어보더니 갑자기 시를 읽어 달라고 했다. 당황스러웠다. 그래서 안 된다고 했다.

하지만 그는 나에게 계속 읽어 달라고 말했고, 나는 결국 읽을 수밖에 없었다. 그냥 손에 닿는 대로 아무 장이나 펼쳐서 읽기 시작했다. 부슬부슬 내리는 비를 맞으며 나는 그에게 시를 읽어줬고 그는 귀 기울여 들어주었다.

누군가 나에게 시를 읽어달라 한 것도 처음이었고, 내가 누군가에게 시를 읽어준 것도 처음이었다.

미술관을 다니게 된 이유

프랑스에 도착한 지 2개월이 흘렀을 때쯤 학교 수업 이외의 시간을 어떻게 보내야 할지에 대한 고민이 들었다.

여기서 연극을 할 수 있는 것도 아니었고, 연극을 많이 보러 다니려고도 했지만 프랑스어의 장벽으로 인해 극을 온전히 이해할 수 없어 집중이 어려웠다. 또 몇 없는 친구들은 각자만의 생활을 하느라 바빴고, 그렇다고 공부를 하기는 싫었다. 그러다가 오늘 하루 뭐라도 해야겠다 싶어서 미술관에 갔다.

그렇게 미술을 감상하다 보니 미술관에서 전시품을 보는 것은 언어가 부족해도, 친구가 없어도, 또 나는 프랑스 학생증이 있으니 많은 돈을 들이지 않아도 가능하겠더라…. 그래서 아, 그러면 내가 미술관이라도 열심히 다니자는 생각을 가지게 되었다.

또 그렇게 미술관을 다니다 보니 점점 다양한 미술에 관심이 생겼고, 어떤 때는 조각에 어떤 때는 현대미술에 푹 빠지기도 했다.

그리고 공부를 하기 싫어 선택했던 이 미술관행이 결국 프랑스어를 늘리는 데도 도움이 됐다. 작품의 제목을 사전에 검색해보면서 자연스레 습득하게 된 단어들이 생긴 것이다. 또 미술관에서 현지인들과 대화를 나눌 수 있던 기회들도 있었고, 나중에는 취미가 같은 프랑스인 친구를 만나 미술관을 함께 다니기도 했다.

파리의 전시관

▌알 생 피에르 La Halle Saint-Pierre
2 Rue Ronsard, 75018 Paris

몽마르트르에 있고 L'Art Brut와 관련된 전시를 볼 수 있다.

▌팔레 드 도쿄 Le Palais de Tokyo
13 Avenue du Président Wilson, 75116 Paris

현대미술에 눈을 뜨게 해준 곳이다. 처음에는 난해했지만, 이제는 나름대로 해석도 해보고 이해가 안 되더라도 그러한 모호함마저 좋아하게 되었다.

▌59 리볼리 Le 59 Rivoli
59 Rue de Rivoli, 75001 Paris

파리의 중심부에 폐쇄돼 있던 건물을 3명의 예술가가 무단 점거했다. 그 후 법적 제재가 있었지만 변호인단과 언론, 시민들의 지지를 얻게 되었고 결국 파리시가 매입하여 예술가들을 위한 합법적인 공간으로 쓰일 수 있게 했다.
 현재 30여 명의 예술가가 입주해있으며 작업실 겸 전시장으로 사용되고 있다. 수많은 사람들이 찾아오고 있는 현대미술의 중심지이다.

▌부르델 미술관 Le musée Bourdelle
18 Rue Antoine Bourdelle, 75015 Paris

석굴암이나 브라질의 구세주 그리스도상 같은 큰 조각상을 좋아하는 나에게는 흥미로운 것들이 많았다. 그의 아틀리에와 정원도 꼭 둘러봐야 한다.

▌빛의 아틀리에 L'Atelier des Lumières
38 Rue Saint-Maur, 75011 Paris

파리 최초의 디지털 미디어 아트센터이다. 또 다른 예술이 펼쳐진다.

L'hiver,
겨울

Le Jardin des Tuileries

L'hiver. 겨울

Le Jardin des Tuileries

L'hiver. 겨울

Le Studio 28

L'hiver, 겨울

L'hiver. 겨울

La Maison Européenne de la Photographie

L'hiver, 겨울

첫눈이 내린 날

창문 밖으로 예쁘고 커다란 첫눈이 펑펑 내렸다. 파리에는 눈이 거의 내리지 않는다던데 이례적이었다. 너 나 할 것 없이 기숙사의 모든 친구들이 밖으로 나왔고 우리들의 눈싸움은 시작됐다. 이곳저곳에서 눈덩이들이 날아왔다. 처음 본 친구들도 있었지만 눈싸움에 예외란 없다. "Bonsoir 안녕" 인사하고는 나도 함께 눈을 던졌다. 그렇게 모든 눈이 다 사라져서 더는 눈싸움을 할 수 없을 때까지 놀았다. 모두의 얼굴에 미소가 가득했다.

갑자기 선물처럼 찾아온 눈도 좋았고 그 행복을 다양한 나라의 친구들과 함께 즐기는 새로운 경험도 할 수 있어 좋았다. 모두의 기억에 남을 예쁜 추억이라는 사실에 기쁘다.

《미스터리 파리》수업

내가 듣는 수업 중에 《미스터리 파리》라는 과목이 있었다. 교수님이 제시한 파리의 명소들을 팀별로 미리 답사하여 발표하고 같이 찾아가는 수업이었다.

친구들과 교수님과 함께 크게는 몽마르트르, 라데팡스 구역부터 작게는 디자인 서점, 옷 가게까지 수많은 파리 곳곳을 돌아다녔다. 특히 노트르담 대성당 앞에서 야외수업을 하던 날이 기억에 남는다. 이곳이 이제는 내게 관광지가 아닌 수업을 듣는 곳이 되었다는 게 좋았기 때문이다.

나는 폴란드 친구와 같은 조가 되었고 우리는 발표를 위해 몽마르트르 부근에 영화관, 서점, 묘지, 예술가들의 집 등에 답사를 갔다 오기도 했는데 파리에서 폴란드 남자와 첫 만남에 묘지를 같이 갔던 것은 꽤 특별한 경험이 되었다.

조에게 주어진 장소 중에서 하나를 선택하여 개인 보고서를 작성해야 했는데 나는 묘지를 택했다. 다른 곳들보다 더 특별하고 특이한 장소라고 생각됐기 때문이다. 과제를 위해 퐁피두 도서관과 학교 도서관에서 자료를 찾기도 하고, 어둑한 시간에 혼자 묘지를 이리저리 둘러보기도 했다.

이때 이후로 나는 프랑스 생활 중에 고요함이 필요할 땐 묘지로 향했다. 이곳은 시끄러운 세상과 사람들 틈에서 벗어나 편히 쉴 수 있는 내게 휴식을 선사해주는 아주 좋은 장소가 되었다. 한국에서 느꼈던 묘지는 조금 으스스한 공간이었는데 프랑스에 있다 보니 묘지는 공원처럼 친근한 공간이 되었다.

친구들을 데리고 답사를 한 날, 교수님께 왜 이 묘지를 답사 장소로 선택하셨는지 여쭤봤었다. 그러니 "묘지가 집이나 건물들과 함께 있는 것도 좋고, 조용한 것도 좋아. 또한 이곳은 내가 좋아하는 영화 감독이 잠들어있는 곳이라 더 의미 있는 곳이지."라는 대답을 해주셨다.

교수님은 항상 인자하신 미소로 학생들을 대해주셨다. 그래서인지 나는 교수님과 얘기하는 시간이 가장 즐거웠고 그녀의 따뜻한 눈빛을 받는 것도 좋았다. 다른 사람들과 프랑스어로 대화하는 것은 너무 두려웠지만, 교수님 앞에만 있으면 재잘거리고 싶었다.

언젠가는 꼭 교수님과 같이 사진을 남기고 싶었는데 계속 다음으로 미루다 보니 어느새 더 이상의 다음이 사라져버린 채 학기가 끝나버렸다. 다음이라는 게 항상 약속된 것만은 아니라는 걸 다시금 깨닫게 되었다.

연극 수업

사실 첫 수업을 듣고 나선 그냥 포기해버릴까 하는 생각도 했었다. 다른 수업보다도 프랑스어 수준이 높아 나에게는 버거운 수업이었기 때문이다. 하지만 지금 돌이켜보면 포기하지 않은 게 다행이라는 생각이 든다. 이 수업을 들으면서 다양한 경험을 할 수 있었기 때문이다.

수업 땐 연극 용어를 배우기도 했으며, 연극의 대본을 읽기도 했다. 또 유명 인물을 연기하고 맞추는 게임을 하기도 했으며 연극 'Cyrano de Bergerac'를 단체 관람하기도 했다.

과제 중엔 단편 시나리오를 써서 제출했던 게 기억에 남는다. 자유 주제였고 나는 클림트의 작품 kiss와 관련된 시나리오를 써냈다.

또한 나는 이 수업을 통해 친구를 사귈 수 있었다. 같이 수업을 듣고 있던 중국인 친구와 친해지고 싶어서 용기를 내 같은 조를 하자고 청했고, 그 이후로 우리는 말이 잘 안 통해도 그냥 서로가 재밌는, 같이 있으면 즐거운 그런 사이가 되었다.

그렇게 같이 마임 극과 연극 'Cyrano de Bergerac'의 한 부분을 발표하기도 했고 코메디 프랑세즈로 함께 연극을 보러 다니기도 했다. 나중에는 단편영화도 함께 찍었다. 낯선 프랑스 땅에서 연극과 연기에 대한 사랑을 공유할 수 있는 친구를 만날 수 있어 참 감사했다.

재즈를 접하다

집에서 무료하게 쉰 하루였다. 그러나 이대로 하루를 끝내기에는 아쉬워서 무언가 해야겠다는 생각이 들었고, 늦은 밤이었던지라 선택지가 별로 없어서 파리에서 한 번쯤은 보고 싶던 재즈 공연을 친구와 함께 보러 가기로 했다.

그러나 원래 가려던 곳은 공연이 없는 날이었고, 머리를 말리며 급히 다른 곳을 찾아봤다. 실력 있는 음악가들만 공연할 수 있다는 파리 최고의 재즈 바였다.

와인을 마시며 재즈 공연을 보게 됐고, 음악가들과 음악의 매력에 단번에 사로잡히게 되었다. 특히 피아니스트가 있었는데 음악에 완전히 집중해서 푹 빠진 모습이 놀라웠다. 그는 정말 행복해 보였고 음악을 즐기고 있었다. 또 여유로운 표정을 지으며 다른 음악가들의 연주에 맞춰 가볍게 건반을 터치하는데, 내 귀에 들려오는 그 소리는 정말 놀라웠다.

나는 자기가 사랑하는 일을 하는 사람들의 눈빛을 바라보는 걸 좋아하는데, 그의 눈빛은 내가 그동안 봐왔던 많은 사람들 중 단연 최고였다.

　집에 오는 길에 친구가 말하기를 음악가 자체가 음악 같았다고 했다. 나만 느낀 줄 알았었는데 열정은 모두에게 다 보이는가 보다.
　그렇게 나는 얼떨결에 재즈에 입문하게 되었다. 색다른 경험에 가슴이 두근거렸고, 와인을 먹어 몽롱한 상태에서도 또 다른 재즈 공연을 예매하고 재즈 영상을 계속 보다가 잠들었다. 파리에서 있던 일 년 중 가장 강렬하게 기억에 남는 날이다.

개선문 카운트다운

"Dix, neuf, huit… trois, deux, un!!! 2018…! Bonne année!"

추운 날씨 속에 개선문 앞에서 새해 카운트다운 행사를 관람했다. 그 후 신년을 맞아 에펠탑까지 본 후 집으로 돌아왔다.

1월 1일, 내가 프랑스에 도착한 지 벌써 4개월이 흘렀다. 그간의 시간 동안 나는 조금씩 적응하고 성장해왔다. 처음과는 다른 내가 되었다.

첫 번째, 이제는 공연이나 전시 관련 홈페이지의 해석을 하는 것은 물론 예매도 너무 쉽다.

두 번째, 교통권 하나를 구매하는 것에도 큰 두려움을 느껴 누군가의 도움을 필요로 했던 내가 파리에 놀러 온 친구는 물론, 관광객들에게도 도움을 줄 수 있게 되었다.

세 번째, 프랑스의 느림 또한 인정하게 됐다. 오히려 행정 처리나 인터넷 속도가 빠르면 깜짝 놀라곤 한다. '뭔가 잘못된 거 아냐? 왜

이래? 이럴 리가 없잖아!'라는 생각을 하며 말이다.

　네 번째, 혼자 돌아다닐 수 있다. 또한 여행도 혼자 떠날 수 있다. 그냥 떠나보는 거다. 물론 항상 안전을 생각하며 조심히 다니기는 하지만 나의 걱정보다 멋진 일들도 많이 일어난다.

　다섯 번째, 화나는 일이 있어도 웃으며 넘길 수 있게 되었다. 세탁기에 두 번째로 돈을 잃었을 때는 기계와 기념사진을 찍었다. 물론 그 이후로는 세탁기 사용법을 완벽 숙지했다. 또 자괴감이 심한 날들이 와도 '다음엔 지금보단 익숙해지겠지'라는 마음가짐을 가지며 얼른 털어낼 수 있도록 노력 중이다. 그동안의 크고 작은 실수들 덕분에, 실수를 한 만큼 많이 알게 됐다.

런던 여행

L'hiver, 겨울

L'hiver, 겨울

고등학생 땐가, 뮤지컬 위키드를 보고 온 친구의
감상평을 들으며 부러워했던 기억이 있다.
그랬는데 몇 년 뒤 이렇게 런던에서 위키드를 보게 됐다니…!

뮤지컬이 끝난 후 나는 배우들의 커튼콜 때의
감격한 그 표정에 울컥해서 울었다.
또 너무 부러웠다.

연극을 직접 하게 된 이후론 더는 화나지도, 부럽지도 않았었다.
그러나 다시금 그런 마음이 들었다.
또 파리 생활이 정말 좋고 이렇게 여행을 다니는 것도 좋지만
'내가 여기서 뭘 하고 있지?'라는 생각도 들었다.
정작 제일 좋아하는 일을 못 하고 있으니 말이다.

나는 공연에 제일 약하다. 공연은 항상 나의 눈물샘을 자극한다.
우는 이유도 다양하다.
공연은 나에게 있어 이 세상에서 가장 경이롭고 황홀한 분야이다.

L'hiver, 겨울

L'hiver, 겨울

파리로 돌아갈 시간이 얼마 남지 않아 대영박물관 관람과 런던 풍경 바라보기 중에 하나만을 골라야 했다. 마치 영국의 과거를 보느냐, 현재를 보느냐에 대한 선택 같았다. 고민의 시간 끝에, 나는 결국 현재의 런던을 더 즐기기로 했다. 유명한 작품보다는 런던이라는 도시의 평범한 일상을 눈에 더 담고 싶었기 때문이다. 그렇게 의자에 앉아 지나가는 사람들과 런던 풍경 그 자체를 한동안 바라보았다. 원래의 나라면 박물관에 갔을 텐데 의외의 선택이었다.

L'hiver, 겨울

햇빛의 중요성

　겨울엔 한 달에 일주일씩은 꼭 무인도 생활을 했다. 불면증도 심해졌고 무기력했다. 방에서 밥도 제대로 안 먹고 과자만 먹으며 영화 보고 책 읽고 자고를 무한 반복했다. 해가 뜨기 직전에야 겨우 잠이 들 수 있었고, 일어나면 저녁이었다. 그렇게 창밖으로 어둑한 날씨만 계속 보다 보니 더 우울해졌다. 햇빛의 소중함을 뼈저리게 느꼈었다.

　이때 내가 무기력했던 이유 중 하나는 어느샌가 나는 행복만을 붙잡으려고 하고 있었기 때문이다. 슬픔이라는 감정은 묻어두고 오직 행복하려고만 했었다. 그래서 행복하지 않아도 행복해야만 했었다. 그렇게 억지로 행복해지는 게 너무 힘들었다.

　나는 파리에 있는 시간을 헛되이 쓰지 않아야 한다는 강박감도 있었다. 그래서 매일을 알차게 보내기 위해 애썼다. 정말 나가고 싶지 않은 날에도, 또 가고 싶지 않은 장소도 꼭 가야만 한다는 생각으로

L'hiver, 겨울

가곤 했다.

그러다 보니 사실 재미도 크게 느끼지 못했고, 준비하고 이동하고 사람들에 치이는 그런 상황들이 큰 스트레스로 다가왔었다.

하지만 그럼에도 불구하고 하루라도 아무것도 안 하는 날이면 더 큰 자괴감이 나를 잠식했다. 그래서 무리하게 움직이다가 결국은 탈이 났고, 나는 긴 휴식을 필요로 했다.

강박관념에서 완전히 빠져나오는 데는 많은 고민의 시간이 필요했다. 그렇게 도달한 결론으론 우선 꼭 매일을 알차고 행복하게 보내야 할 필요는 없어! 라는 마음가짐을 가지기로 했다.

또 휴식이 있어야 다음에 움직이는 것도 잘할 수 있고, 꼭 가야만 하는 곳이라고 생각되더라도 그곳들을 많이 가는 것보다는 그냥 딱 내가 가고 싶은 곳 하나를 잘 즐기고 오는 게 더 낫지 않을까 하는 생각을 했다.

물론 다 잘 지켜지지는 않았다. 하지만 전보다는 분명 나아졌다.

Homeless

사실 내가 샤를 드골 공항에서 차를 타고 기숙사에 오면서 처음 본 풍경은 화려하고 예쁜 건물들이 늘어져 있는 거리가 아니라, 차도 가운데에서 J'ai faim 나는 배고프다 라고 적힌 팻말을 들고 차 앞을 지나다니며 구걸을 하고 있던 사람들이었다. 뉴스에서 봤던 것과 실제로 내가 이를 마주했을 때 느낀 감정은 굉장히 달랐고, 이를 계기로 이 문제의 심각성에 대해 다시 한번 생각해 보게 되었다.

또 파리의 지하철역과 거리에도 수많은 노숙인들이 존재한다. 매일을 함께 했다. 젊은 사람, 노인, 아이를 데리고 있는 가족 등등 다양하다. 특히 아이들에겐 지하철역 땅바닥이 집인 셈이고 지하철역이 놀이터인 셈이다. 그리고 친구들과 재잘재잘 거려야 할 그 입으로 사람들을 향해 돈을 달라고 외쳐야만 한다.

나는 그들을 돕고 싶었다. 그래서 내가 할 수 있는 일은 무엇인지를 생각해봤고, 장을 보고 나올 때마다 그 앞에 있는 분께 음식을 나누기로 했다. 또한 더운 날씨에는 물을, 추운 날씨에는 손난로를 드렸다. 그러나 이는 아주 일시적인 방법일 뿐이다. 그들이 집을 얻고 다시금 새로운 삶을 살 수 있기를 간절히 바란다. 쉽지는 않겠지만 모두가 기본적인 권리는 누릴 수 있는 사회가 되었으면 좋겠다.

갑자기 눈물이 흐른 날

일 년이라는 시간 중 딱 한 번 운 적이 있다. 방에 혼자 가만히 앉아있었는데 갑자기 울음이 나왔다. 그날 하루가 슬펐던 것도 아니어서 내가 왜 울고 있는지 몰랐다. 나는 같이 온 친구들도 있으니 바로 밑층에 내려가면 친구들을 만날 수 있었는데도 그냥 철저히 혼자인 기분이 들었다. 아무도 나의 이 마음을 알아줄 수 없을 것 같았다.

그렇게 긴 시간 동안 혼자 소리를 토해내며 울었다. 프랑스 생활을 하며 알게 모르게 쌓이고 쌓였던 게 팡 하고 터졌나 보다. 괜찮아 괜찮아하고 넘기던 게 사실은 안 괜찮았나 보다.

파리의 특별한 장소들

쇼아 기념관 Le Mémorial de la Shoah
17 Rue Geoffroy l'Asnier, 75004 Paris

홀로코스트와 관련된 기념관이다.
외면하고 숨기기에 급급한 게 아니라 잘못을 인정하고 기억하려는 모습이 인상 깊었다.

카타콤 Les Catacombes de Paris
1 Avenue du Colonel Henri Rol-Tanguy, 75014 Paris

폐쇄된 파리 묘지에 있던 유골들을 모아 놓은 지하 무덤이다.
인기가 많은 장소라 언제나 줄이 길게 늘어져 있다.

퐁텐블로성 Le Château de Fontainebleau
77300 Fontainebleau

유네스코 세계문화유산에도 등재된 파리 근교 궁전이다.
베르사유 궁전에 비해 관광객이 현저히 적기 때문에 여유롭게 관람할 수 있다.

루테스 원형 경기장 Les Arènes de Lutèce
49 Rue Monge, 75005 Paris

무려 1세기에 지어진 원형 경기장이다.
수많은 시간 동안 숨겨져 있다가 1869년에 재발견되었다.

라팽 아질 Au Lapin Agile
22 Rue des Saules, 75018 Paris

과거의 파리로 시간 여행을 할 수 있는, 피카소가 즐겨 찾던 상송 바이다.
영화 같은 장면들이 눈 앞에 펼쳐질 것이다.

Le printemps,
봄

Rue Saint-Antoine

Le printemps. 봄

Rue Saint-Antoine

Le printemps, 봄

Le printemps. 봄

Le printemps. 봄

컬러런
The Color Run

총 5km이고 파리시청 앞에서 시작해 센강을 따라 종착지인 트로카데로 광장으로 향하는 코스이다. 걷는 사람들도 정말 많다. 맑은 하늘 아래, 꽃이 아름답게 피어있는 봄의 파리를 걷고 달리는 그 기분이란!

나는 혼자 참가했지만 친구를 사귀어 같이 다니게 되었다. 각종 다양한 분장을 하고 오는 사람들도 많은데, 그들에겐 다들 칭찬과 환호의 말을 한마디씩 하고 갔다. 그리고 그 모습을 바라보는 나의 얼굴엔 저절로 미소가 지어졌다.

종착지로 가는 길에는 스텝들의 디제잉 부스 앞에서 함께 춤을 따라 할 수 있는 곳도 있어 심심하지 않다. 또한 중간중간 이 행사의 메인인 분홍, 파랑, 연두, 노랑 총 4개의 컬러 구간이 나오는데 통과할 때마다 각 스텝들이 곳곳에서 컬러 파우더를 뿌려준다. 그래서 완전히 통과하고 나면 그 컬러의 색으로 온몸이 뒤덮이게 된다.

Le printemps. 봄

그리고 마침내 종착지에 도착하면 콘서트를 즐길 수 있다. 물론 컬러 파우더도 함께.

행사가 끝나고 정신을 차리고 보니 나의 얼굴은 초록색이 되어있었다. 물론 머리와 옷도 다양한 색으로 뒤덮여있었지만, 초록색 얼굴이 가장 강렬했다. 하지만 이대로 집에 가기엔 아쉬워 혼자 트로카데로 광장 벤치에 앉아 벚꽃을 구경하고 사진을 찍었다. 그렇게 꽃에 심취해 있다가 문득 정신을 차리고 주위를 둘러봤는데 그제서야 나는 얼른 집으로 돌아가고 싶었다.

왜냐하면 행사가 막 끝난 무렵에는 나와 같은 컬러 러너들이 몇 명 정도는 있었는데 이제는 아무도 없는 것이었다. 나와 함께 했던 수많은 사람들은 다 어디 간 걸까. 살짝 외로워졌고 민망해졌다. 하지만 다행히 선글라스를 꼈기에 당당할 수 있었다. 그렇게 지하철을 타고 집에 가던 중 아니나 다를까 지하철이 멈춰버렸다. 초록색 얼굴을 하고 온몸에 다양한 컬러를 묻힌 채 표류하게 되었다. 버스를 타러 밖으로 나가기도 했지만, 사람들이 너무 많은 탓에 탈 수 없었다. 다시 터벅터벅 지하철역으로 돌아왔고 투명 인간이 됐으면 좋겠다고 생각하며 맨 뒤에 붙어서 하염없이 지하철을 기다렸다.

그때 나에게 길을 묻는 한국인 언니를 만나게 되었고, 같이 지하철을 기다리며 대화를 나눴다. (나중에 얘기하길 초록색 얼굴을 하고 미술에 대해 진지하게 얘기하는 모습이 웃겼다고 한다.) 그리고 이때의 만남으로 인해 우린 함께 재즈 바도 갔고, 나는 언니에게 디자인 서점들을 추천받아서 전혀 생각도 안 했던 파리의 디자인 서점

들을 찾아다니기도 했다. 또 일러스트레이터였던 언니의 그림들을
좋아하게 됐다.

  사람 한 명을 사귀는 것은 그 사람의 취향과 지식까지도 같이 온다
고 했던 말이 생각난다.

Le printemps. 봄

스위스 여행

  유럽여행을 온 고등학교 친구와 스위스 여행을 가게 되었다. 고등
학생 시절 막연하게 스위스 들판에서 뛰어놀고 싶다는 생각을 했을
때, 같이 여행 갈 친구로 왜 인진 모르겠지만 이 친구를 꼽았었는데
정말로 그렇게 됐다.

  마터호른은 영화사 파라마운트픽처스의 로고이자, 삼대가 덕을 쌓
아야만 볼 수 있다는 산이다. 우리는 이 마터호른을 보러 갈지 말지
고민했다. 날씨가 좋지 않아서 왠지 못 볼 것 같았기 때문이다. 또
왕복 6시간이 걸리는 루트였다. 하지만 안 해보고 후회하느니 그래
도 가보자는 결정을 내렸고 마터호른이 있는 체르마트에 도착했다.
그 후 두근거리는 마음을 안고 산 가까이 걸어가 봤지만, 구름에 가
려져 결국 볼 수 없었다.

  그래도 그곳으로 가는 길에 기차에서 봤던 풍경들과 우리가 나눴
던 대화들도 좋았고, 내려오는 길에 귀여운 고양이를 본 것과 그곳
에 사는 사람들의 모습을 볼 수 있던 것도 좋았다.

  또한 이런 마터호른의 모습도 이번에만 볼 수 있던 것이다. 와보길
잘했다고 생각한다.

Blausee, Switzer

Le printemps, 봄

Thun, Switzerland

Le printemps, 봄

평화롭고 잔잔한 곳이었다.

레만호와 하늘, 튤립과 나무의 조합.
잔디에 앉아 일기를 쓰기도 하고 멍하니 호수를 바라보기도 했다.

Morges, Switzerland

Le printemps. 봄

La Collection de l'Art Brut, Lausanne

여행지에서 미술관을 가는 게 소소한 낙이 되었다.

시끌벅적한 관광지에서 벗어나 유유자적하게
조용히 미술품을 관람하는 시간이 정말 좋다.

집이 된 파리

이제 파리는 내게 집이 되었다. 다른 나라를 여행하고 돌아올 때 프랑스어가 들리고 내게 익숙한 풍경들이 보이면 긴장이 풀리고 안심이 된다. 첫 여행지였던 바르셀로나를 제외하곤 다른 도시나 다른 나라에 여행 갔을 때마다 파리가 그리웠다.

온갖 좋은 것들을 봐도, 내가 예전부터 바라왔던 순간들임에도 파리가 더 좋았다. 실제로 남은 여행 일정을 취소하고 다시 돌아가기 위해 교통편을 알아본 적도 있다. 파리는 나에게 보고 있는데도 보고 싶다는 얘기처럼 살아도 살아도 아쉬운 도시인 것 같다.

공원 가기 좋은 계절

제법 따사로운 햇볕이 내리쬐는 날이 많아졌다. 이런 날에는 집에만 있기엔 아쉽기에 공원으로 나갔다.

뷔트 쇼몽 공원 Le Parc des Buttes-Chaumont에서는 지난 스위스 여행에서 사 온 와인과 함께 과자와 납작 복숭아를 먹으며 밀린 일기를 쓰고, 책을 읽고, 낮잠을 자기도 했다. 누구 하나 바쁜 사람 없이 모두 이 햇살과 하늘 아래 여유를 누렸다.

파리 식물원 Le Jardin des Plantes은 공원에서 태닝을 하는 사람들 사이에서도 타는 게 싫어 그늘만을 고집하던 나를 무장해제 시켰다. 피부가 타도 좋으니 따사로운 햇볕을 쐬며 책을 읽는 이 나른한 기분을 계속 느끼고 싶었다.

팔레 루아얄 정원 Le Jardin du Palais Royal에서는 분수 앞 의자에 앉아 친구와 얘기를 나누며 노을 지는 파리의 하늘을 감상하기도 했다.

벨빌 공원 Le Parc de Belleville에서는 파리의 전망을 내려다보기도 했으며, 몽쏘공원 Le Parc Monceau에서는 단편 영화의 시나리오를 쓰기도 했다.

쏘공원 Le Parc de Sceaux은 벚꽃으로 유명한 파리 근교 공원인데 타르트와 바게트 등을 사서 벚꽃을 보러 갔다.

트로카데로 정원 Les Jardins du Trocadéro에서는 아이를 데리고 나들이를 나온 가족들의 사진을 찍어드렸는데, 이후에 그 아이가 와서는 꽃을 주고 갔다. 그 순수한 마음이 너무 예뻤고, 덕분에 행복한 하루를 보낼 수 있었다.

또 다른 날에는 움직이는 강아지 인형을 자랑하며 선보인 아이도 있었다. 뿌듯해 보이는 모습이 귀여웠다. 공원에 있으면 아이들을 많이 만날 수 있다는 것도 정말 좋다.

Le Parc Monceau

Le printemps. 봄

Le Parc Monceau

Le printemps. 봄

Le printemps.　봄

Le printemps. 봄

마티스의 춤

미술품을 볼 땐 공연을 보는 것에 비해 그렇게 격한 감정이 들지는 않는다. 그냥 멋있다, 예쁘다, 신기하다는 감정뿐이지 넘치게 행복하다는 감정은 잘 들지 않는다. 그런데 아주 가끔 그런 순간이 온다.

처음 마티스의 춤을 보러 갔을 때는 전시관이 닫혀 있어 그림을 볼 수 없었다. 그 후 두 번째로 다시 방문했을 때는 운 좋게도 전시관엔 나밖에 없었다. 첫 방문에 아쉬움을 말끔히 씻어주듯 이 공간엔 그림과 나뿐이었다.

나는 항상 음악을 들으며 그림을 감상하는데 이 그림과 음악과 전시관의 분위기가 놀라울 정도로 잘 맞았고, 그림을 온전히 느낄 수 있던 그 순간이 정말 황홀했고 넘치게 행복했다.

Le Musée d'Art moderne de la Ville de Paris

Le printemps, 봄

Le musée du Lo

파리

음악이 일상인 도시

파리의 지하철역에선 음악가들의 연주를 들을 수 있다. 지하철역은 일상생활을 하면서 자주 이용할 수밖에 없는 곳인데, 그런 일상에 음악이 함께 할 수 있다는 게 정말 좋다.

그래서인지 나는 항상 지하철 내 음악가들에게 붙잡혀버리고 만다. 30분 정도를 지체한 적도 있었는데 나만 좋았던 게 아닌지 지나가는 사람들 중에는 춤을 추는 사람도 있었고 다들 행복한 미소를 띠고 있었다.

그리고 프랑스의 기차역이나 공항에서는 피아노를 자주 볼 수 있다. 이곳에서 누군가 음악을 시작하면 자연스레 그 주변으로 사람들이 모인다. 그렇게 함께 음악을 즐긴다. 같이 합주를 하기도 하고 노래를 부르기도 한다. 또 하나의 축제가 되어버리는 것이다.

역이나 공항을 나오는 짧은 순간에 보이는 그 모습들이 나를 미소 짓게 해준다. 때론 밖을 나가지 못하고 그곳으로 향하기도 한다.

예기치 못한 순간에 선물처럼 음악을 만날 수도 있다. 그저 멍하니 센강 위 다리를 걷고 있었는데 어디선가 음악 소리가 들려 고개를 들었다. 다리 가운데에 피아노가 있고 그것을 연주하는 피아니스트와 구경하는 관람객들이 눈앞에 펼쳐졌다.

또 다른 날엔 거리에서 하프를 연주하는 음악가를 만나기도 했고, 비 내리던 루브르의 야경을 더 낭만 있게 만들어준 음악가를 만날 수도 있었다.

이렇게 음악이 일상인 도시에 사는 나는 방을 나설 때면 항상 동전을 들고나온다. 오늘 만날 음악가를 기대하며 말이다. 이 동전은 그들이 음악을 계속할 수 있도록 응원하는 마음을 의미한다.

학생들을 위한 도시

나는 학생이고 어린 나이이기에 많은 혜택들을 누릴 수 있었다.

프랑스 학생증으로 파리의 수많은 국립 미술관들을 무료로 드나들었다. 보고 싶은 그림이 있다면 언제나 편하게 갈 수 있는 것이다. 덕분에 미술과 더 가까워질 수 있었고 미술관을 가는 게 나의 일상이 될 수 있었다. 루브르 박물관과 오르세 미술관은 내가 심심할 때마다 가던 곳이었다.

그리고 집세의 일부 또한 정부에서 지원해주는데, 나는 파리 외곽+학교 기숙사+주택 보조금의 삼박자로 매우 저렴한 값에 지낼 수 있었다.

교통권 할인 시스템도 정말 많다. 그중 TGV max는 한 달에 79유로를 내고 프랑스 내에서 기차를 마음대로 탈 수 있는 교통권이다. 물론 최대 예약 개수도 정해져 있고, 최소 사용 개월도 존재한다. 또 프랑스 계좌가 있어야 하고 모든 기차가 가능한 것은 아니다. 그 외에도 여러 조항이 존재하지만 이것 덕분에 갑자기 바다가 보고 싶어진 날엔 훌쩍 떠나버릴 수도 있었고, 프랑스 여행을 저렴하게 다닐 수도 있었다.

50번의 재즈 공연

　사실 처음엔 재즈 그 자체에 빠졌다기보다는 한 사람의 열정적인 모습에 빠졌었다. 그렇게 그 피아니스트의 공연을 여러 번 갔는데 휴식기인지 더는 공연이 없었다. 세상을 다 잃은 것만 같았다. 하지만 이대로 끝내기엔 아쉬움이 남았고, 이 사람의 공연이 아니더라도 재즈 그 자체를 좋아하게 될 수도 있지 않을까? 라는 호기심 또한 들어서 다른 음악가들의 공연을 몇 번 더 보러 가게 됐다. 그러다 보니 재즈의 매력을 발견할 수 있었다.

　우선 같은 악기라도 자신만의 특징을 보이며 연주하는 모습이 재밌게 느껴졌다. 백발 음악가의 연주는 물결 같았고, 10대 음악가의 연주는 그와 반대로 강하고 힘찼다.

　그리고 음악가들끼리 눈빛을 계속 주고받으며 음악을 함께 느끼는 모습, 재즈의 특성상 자유롭게 서로 타이밍을 맞추며 곡을 연주해 나가는 모습도 매력적으로 다가왔다.

그리고 음 하나하나에 반응하며 시시각각 바뀌는 음악가들의 표정을 바라보는 것도 정말 좋고, 같은 곡이라도 절대 똑같이 연주되지 않는 것도 재밌다. 나는 반복을 정말 싫어하는 데 같은 공연을 세 번이나 가기도 했다. 매회가 색다르게 느껴지기 때문이다.

또 1~2초 정도 잠시 멈췄다가 다시 시작할 때에 찰나의 순간도 정말 좋다. 그리고 음악 그 자체가 주는 카타르시스도 굉장하다.

그런데 무엇보다 여기엔 누가 억지로 시켜서 하는 사람이 없다. 재즈 음악가와 나눈 대화를 빌려보자면,

"너는 몇 살 때부터 악기를 연주하기 시작했어?"

"7살 때부터."

"진짜? 정말 오래됐다. 20년도 더 넘었는데 지루할 때도 있지 않아? 또 공연도 매번 즐거울 수는 없을 것 같은데 어때?"

"정말 가끔. 근데 나는 악기를 연주하는 거의 모든 날들이 즐겁고 행복해."

이렇듯 다들 자신의 일을 즐거워한다. 그리고 그걸 바라보는 게 정말 좋다. 그렇게 재즈 그 자체에 빠지게 되었다.

Le printemps. 봄

좋아하는 일을 한다는 것

어렸을 때부터 나의 가장 큰 고민은 내가 좋아하는 일은 뭘까? 나는 어떤 직업을 가져야 할까? 였다. 그러나 오랜 시간을 방 안에서 생각만 하며 보냈기에 이걸 찾는 길이 쉽지만은 않았다.

나는 입시 결과에 따라 원하지 않던 전공을 선택해 대학교에 입학하게 됐고, 2학년까지는 잘 다녔다. 물론 수업은 힘들었지만 대학 생활 자체는 즐거웠기 때문에 버틸 수 있었다.

하지만 결국 터져버렸다. 대학교에 들어와서부터 주체적으로 이것저것 경험을 하고는 있었지만 여전히 나의 하루는 학교 수업이 주였기 때문에 부족하게 느껴졌다. 그리고 좋아하지 않는 공부를 안정적이라는 이유로 억지로 계속 붙잡고 있는 것이, 그리고 그렇게 시간을 허비해 나가는 것이 과연 옳을까? 라는 생각도 들었다.

내가 하고 싶은 것을 하기도 모자란 시간이라고 생각했다. 또한 나는 나를 알아갈 시간이 절실히 필요했다. "너는 뭐를 좋아해?"라는 질문에 대답할 수 없었다. 사실 막연한 꿈들은 있었지만 제대로 된 경험을 해본 적이 없어서 정말로 좋아하는 것인지, 이게 나에게 맞는지를 몰랐다. 그래서 간절히 알고 싶었다.

앞으로도 계속 지금의 나에게 주어진 상황에 순응하며 살다 보면 결국엔 내가 좋아하는 것을 찾아볼 시간도 가지지 못한 채 그저 대학교를 마치고 조급함에 휩쓸려 그때 보이는 회사로 취업을 하게 될 것 같았다. 그렇게 대학교에 입학하게 되었던 것처럼 말이다.

그래서 휴학을 결심했다. 물론 고민도 많았다. 취업을 위해선 나이가 무기라는 얘기도 많이 들었다. 또 남들보다 1년을 느리게 가는 것 같아 조바심도 났고 갑자기 선로를 이탈하는 느낌도 들어 두려웠다. 하지만 이대로 사는 게 더 무서웠다.

물론 부모님의 반대가 있었다. 하지만 앞으로의 계획에 대한 발표를 통해 허락을 받아낼 수 있었다.

그 후 공책에 내가 그동안 살아오면서 조금이라도 관심 있던 직업, 분야에 대한 리스트를 작성했고 더불어 살면서 꼭 해보고 싶은 위시 리스트도 작성했다. 그 후 하나씩 실행했다.

학원에서 아이들을 가르쳐보기도 하고, 영화 포스터를 만드는 수업을 수강하기도 하고, 석굴암을 보러 가기도 하고, 역사와 관련한 대외활동을 하기도 했다.

또 아르바이트비의 일부는 꼭 플라워 클래스를 듣는 데 사용했다. 그러면서 이게 정말 나에게 맞는지를 끊임없이 실험했다. 한 번에 찌릿하고 전류가 흐르면 간단하겠지만, 서서히 스며들 때도 있기에 한 번의 경험으로 판단하기는 어렵다고 생각했기 때문이다.

그렇게 하다 보니 아이들을 가르치는 게 나에겐 천직일 거라는 아주 오래됐던 믿음이 깨지는 순간이 오기도 했고, 꽃을 만드는 게 행복하긴 하지만 힘든 작업 앞에서 이것을 이겨낼 의지까지는 존재하지 않는다는 것을 깨닫게 되기도 했다.

연극은 내가 휴학을 하게 된 결정적인 이유였다. 처음에는 공연을 보러 다닌다는 것만으로도 정말 좋았다. 연극과 조금이나마 가까워진 기분이 들었기 때문이다. 그렇게 수많은 공연을 봐왔다. 그런데 시간이 흐를수록 자꾸만 화가 났다. 내가 저 무대 위에 서고 싶었다. 무대 위 배우에 나를 대입해보기도 했으며 커튼콜 때는 배우들에게 쳐주는 저 박수가 나에게 쳐주는 거라고 상상하며 눈을 감고 듣고 있기도 했다.

그러던 어느 날 뮤지컬을 보는 데 계속 울음이 나왔다. 또 집에 가던 1시간이 넘는 시간 동안에도 계속 울었다. 멈출 수가 없었다. 그들과는 다른 나의 현실에 화가 났고 더는 견딜 수가 없었다. 그렇게 휴학을 하게 됐다.

하지만 배우라는 길은 쉽게 결정할 수 없다고 생각했다. 또 막연히 좋아만 했을 뿐 해본 적이 없으니 우선은 해보면서 더 알아가야 한다고 생각했다.

그 후 극단에 들어가 국제연극제도 나가고 공연장에서 공연을 하기도 했다. 내가 생생히 살아있는 느낌이 들었다. 또 연습하며 보낸 오늘 하루가 행복했고 공연하며 보낼 내일이 기대됐다.

그렇게 1년이라는 시간을 통해 나는 나를 더 잘 알 수 있게 되었고, 이제는 좋아하는 게 뭔지 묻는 말에 고민 없이 대답할 수 있다. "연극이요! 무대 위에서 공연할 때가 가장 자유롭고 행복해요!"

두려워하지 마

나는 프랑스어를 말하는 것에 큰 두려움을 느낀다. 정말로 못해서 두려움을 느낄 때도 있고 충분히 할 수 있는데도 미리 겁을 먹어서 피하거나 숨어버릴 때도 있다.

그러나 친구들과 있을 때도, 마트에서도, 재즈 바에서도, 미술관에서도 말을 해야 하는 상황은 항상 나를 찾아왔고 그 모든 대화에는 크나큰 용기가 필요했다. 이런 나에게 조언을 해준 사람들이 있다.

첫 번째는 우체국 직원이다. 나는 행정 처리를 위해 우체국에서 편지를 보내야 했고, 이것을 같이 있던 프랑스인 친구에게 떠넘겼었다. "네가 하면 훨씬 빨리 끝날 거야. 그러면 직원도 더 편할 거야!"라고 말하며 말이다. 물론 부끄러움도 한몫했다. 또 더는 스트레스를 받고 싶지 않았고 그저 이 일을 빨리 끝내어 벗어나고 싶었다.

그러나 프랑스인 친구는 "그녀가 말할 거예요."라고 말했고 직원도 고개를 끄덕이며 나를 바라보았다. 애절한 눈빛으로 친구를 한번 더 쳐다보았지만 통하지 않았다. 결국 떨리는 마음을 안고 말을 했다. 직원은 차분히 나의 말을 들어주었고, 그렇게 편지 접수를 완료한 후 그냥 끝날 수도 있었지만 나에게 조언을 해 주었다.

"한국어로 생각하고 말하지 말고 그냥 떠오르는 대로 바로 프랑스어로 말해봐. 그리고 걱정하지 마. 정말 괜찮아. 걱정하지 마."

두 번째는 위에 언급된 나의 프랑스인 친구이다.

"시험에는 정답이 있고 점수를 매기지만 일상생활에서 네가 프랑스어를 말하는 건 시험이 아니야. 틀려도 괜찮아. 부끄러워하지 마. 그리고 너의 모국어는 한국어잖아. 너는 한국어를 하면서 지금 프랑스어도 하고 있는 거야. 정말 멋지지 않니?"

아마 나와 같은 사람들이 있을 거라고 생각해서 이 글을 적어봤다. 다들 용기를 냈으면 좋겠고 실수해도 된다고 얘기해주고 싶다. 우리는 너무 정답만을, 100점만을 쫓으며 살아온 건 아닌가라는 생각이 든다. 실수하는 연습이 필요하다.

Le printemps. 봄

파리의 재즈 바

나의 원래 파리에서의 1년 계획은 오로지 연극이었다. 연극에 대한 미련이 가득한 상태로 프랑스에 오게 되어서, 이곳에서 연극에 대한 욕구를 채우고 싶었다. 수많은 극을 보고, 연기할 기회가 있다면 연기도 해보고 싶었다.

그러나 이렇게 재즈에 빠지게 되었고, 사실 재즈 빼고는 나의 1년을 말할 수 없는 게 되어버렸다. 혹시 내가 그날 그 공연에 가지 않았더라면, 원래 가려던 공연에 갔더라면, 혹은 아예 재즈 바 자체를 가지 않았다면 나의 1년은 또 어떻게 되었을지 궁금해진다.

원래 계획과 다르게 흘러간 것도 나름 재밌다. 내가 파리에서 재즈에 빠질 줄 누가 알았을까… 나조차도 몰랐다.

파리엔 재즈를 즐길 수 있는 공간들이 다양하게 존재하지만 나는 이 세 개의 재즈 바들을 가장 자주 갔다.

▌ Le Duc des Lombards
42 Rue des Lombards, 75001 Paris

▌ Sunset-Sunside
60 Rue des Lombards, 75001 Paris

▌ Le Baiser Salé
58 Rue des Lombards, 75001 Paris

그중에서도 Le Duc des Lombards는 내가 가장 좋아하는 재즈 바이다. 이곳은 언제나 최고의 공연만을 보여준다. 음악으로 나를 행복하게 해주고 때론 위로도 해주던 내가 파리에서 가장 사랑하는 공간이다.

L'été

여름

Le château de Fontainebleau

L'été, 여름

Le Musée de Montmartre

L'été, 여름

Le Musée de Montmartre

L'été, 여름

Le Musée de Montmartre

L'été, 여름

L'été, 여름

L'été, 여름

파리에서 맞이한 생일

친구들과 샤틀레역 근처에서 저녁을 먹은 후 펍으로 자리를 옮겼다. 그렇게 테라스에 앉아 선선한 바람을 맞으며 얘기를 나누고 맥주를 마셨다. 바람도 적당했고, 같이 있는 친구들도 좋았고, 노을 지는 파리의 거리도 좋았다. 소소하지만 결코 가벼이 넘길 수 없는 행복한 순간이었다.

그때 우리 옆으로 자전거를 탄 남자가 큰 소리로 무언가를 외치며 지나갔다. 그의 표정은 진지했고 그의 목소리는 강하고 굳건했다. 마치 영화 속 한 장면 같았다. 궁금해져서 프랑스인 친구에게 물어보니 그가 외쳤던 것은 보들레르의 시라고 했다. 시를 외치며 자전거를 타고 지나가는 사람이라니? 생일의 추억이 하나 더 채워졌다.

12시가 되기 전에 에펠탑 쪽으로 향했다. 에펠탑을 옆에 둔 채 다리를 자유롭게 달렸다. 그 후 케이크 초를 불었고 축하를 받았다. 그렇게 나는 생일을 파리에서 맞이했다.

L'été, 여름

음악의 날

La Fête de la Musique

음악의 날은 6월 21일 하루 동안 개최되는 프랑스의 음악 축제이다. 도시 전체가 음악으로 가득 차는 날이다.

나는 재즈 음악가들의 공연을 보러 가기로 했다. 역에서 내려 목적지인 브라세리까지 가는 길은 도보로 10분 정도에 짧은 거리였는데, 10팀이 넘는 공연팀들을 만날 수 있었다. 몇 발자국 걸을 때마다 음악이 짠하고 나왔다. 설렜다. 내 눈 앞에 펼쳐진 풍경들이 정말 예뻤다.

거리에서도, 내가 공연을 본 곳에서도 음악을 하는 사람들과 음악을 즐기는 사람들 모두가 행복해했다. 맥주 한 잔과 함께 공연을 감상하기도 하고, 자유롭게 춤을 추기도 하는 등 각자만의 방식으로 음악을 향유했다.

나는 음악을 정말 좋아한다. 음악이 없으면 너무 심심하고 무언가를 할 의욕이 생기지 않는다. 그렇게 잘 때와 음악을 들으면 안 되는 상황을 제외하고는 무조건 음악과 함께하기에 이날은 특히나 내가 제일 사랑하는 날이 되었다. 파리에서 가장 행복했던 날이 언제냐는 질문에 나는 항상 음악의 날이라고 답한다.

L'été, 여름

L'été, 여름

로미오와 줄리엣

프랑스 국립극장인 코메디 프랑세즈에서 연극 로미오와 줄리엣을 봤다. 워낙 유명한 작품이라 나는 5개월 전부터 예매를 했고 그 어느 공연보다도 기대가 컸다. 고전만을 생각하고 갔던지라 각색이 많이 된 공연에 처음엔 당황했지만, 덕분에 너무나도 신선했다. 무도회 장면에서 로미오를 쳐다보지 않는 줄리엣과 그런 줄리엣만을 바라보던 로미오의 눈빛이 아직도 잊히지 않는다.

나는 연극을 볼 때 배우들의 눈을 보는 것을 좋아한다. 눈빛에서 그 사람의 열정을 느낄 수 있기 때문이다. 또한 커튼콜에서 관객들의 박수와 환호를 받으며 기쁨에 반짝이는 눈빛도 정말 좋다. 때론 감격의 마음이 느껴져 감정 이입해 울곤 한다.

코메디 프랑세즈의 공연들은 다 특별하다. 무대장치, 연출, 연기 등등 모든 것들에 지루함이 없다. 총 8편을 봤는데 매번 갈 때마다 '설마 오늘도 새로울까?'라는 생각을 하곤 했지만, 한 번도 빠짐이 없었다. 이렇듯 이곳은 나에게 항상 신선한 자극을 주는 내가 파리에서 가장 사랑하는 극장이다.

아비뇽 페스티벌

Le Festival d'Avignon

아비뇽 당일치기

아비뇽 페스티벌 개막 한 달 전, 드디어 그날이 왔다. 몇 달 전부터 눈여겨보던 티켓팅 날. 떨리는 마음으로 사이트에 접속했지만 온종일 시도해도 도저히 표를 구할 수가 없었다.

이대로 가만히 있다가는 내가 볼 수 있는 공연이 없을 거라는 불안감이 들기 시작했고, 결국 다음날 기차를 타고 직접 아비뇽에 내려가 표를 구매했다.

그 후 여유롭게 사전 탐색하는 마음으로 마을을 걸어 다니며 아비뇽 교황청과 아비뇽 다리를 보고, 우연히 조그마한 라벤더 밭도 발견해서 같이 사진도 남기곤 다시 파리로 돌아왔다.

처음 내가 아비뇽을 알게 되었던 건 고등학교 세계사 시간에 아비뇽 유수를 배울 때였는데 그땐 너무 멀게만 느껴졌던 그 아비뇽이 이제는 당일치기로 쉽게 갔다 올 수 있는 곳이 되어버렸다. 정말 재밌는 일상이다.

L'été, 여름

L'été, 여름

L'été, 여름

아비뇽 페스티벌 Le Festival d'Avignon

처음 아비뇽역에서 나와 밖으로 몇 걸음 걸어 나간 순간, 내 앞에 펼쳐진 풍경을 보고는 '아 이곳이다!'라고 생각했다. 수많은 연극 포스터들로 가득 찬 세상이 보였다. 연극이라는 글자만 봐도 반응하고, 연극 포스터만 봐도 좋아하는 나에게 아비뇽 페스티벌은 최고의 장소였다.

페스티벌이 열리는 시기에 아비뇽 숙소 값은 정말 비싸다. 그래서 나는 약 6개월 전부터 예약을 했고 저렴한 값에 집 전체를 빌릴 수 있었다. 숙소에 짐을 놓고 밖으로 나왔는데 거리에는 역에서보다 더 많은 포스터들로 가득했고, 공연을 홍보하는 예술가들도 많았다.

예술가들은 거리에 있는 사람들 혹은 테라스에서 식사를 하는 사람들에게 가서 짧게 공연을 보여주기도 하고, 특이한 분장을 한 채 자전거를 타고 노래를 부르며 단체로 지나가기도 했다.

이곳은 예술을 하는 사람들과 예술을 좋아하는 사람들이 가득한 곳이었고 '아니, 이런 세상이 있단 말이야? 이렇게 좋아도 되나?'라는 생각이 들 정도로 내가 좋아하는 것들로 가득 찬 믿을 수 없는 곳이었다.

떨리는 마음으로 아비뇽 교황청으로 걸어갔다. 항상 상상 속으로만 꿈꿔왔던 공연 중의 하나였는데 그것을 결국 보게 되었다니 믿기지 않았다. 뻥 뚫린 공연장이라 그런지 하늘 위로 쏘아 올린 조명들과 배우들의 목소리가 어우러졌던 향연이 가장 기억에 남는다.

그런데 공연이 끝나고 행복할 것만 같던 내가 느낀 감정은 다름아 닌 허무함이었다. 극에 대한 허무함은 절대 아니었다. 만족스러운 공연이었고 정말 원했던 것을 이루었는데도 왜 그렇게 공허했는지 는 아직까지도 잘 모르겠다. (간절히 바랐던 시간과 깊이에 비해 그 순간이 너무 짧아서였을까?)

이때의 감정이 아비뇽에서의 남은 3일의 계획을 완전히 바꿔놓았 다. 나는 원래 수많은 연극을 보려고 했었다. 오직 연극으로 가득 찬 나날들을 보내며 말이다. 하지만 더는 다른 공연들을 볼 힘이 사라 져버렸고 무기력했다.

또 더운 날씨와 페스티벌에 참가한 수많은 배우들을 보며 느낀 회 의감도 한몫했다. '나는 여기서 뭘 하고 있는 거지?'

게다가 혼자라서 외로웠고, 파리도 무진장 보고싶었다. 그래서 그 냥 파리로 돌아갈까도 잠시 생각했었지만, 그럴 수는 없었고 마침 집에는 내가 그토록 치고 싶어 했던 피아노가 있었다. 한국에서는 가끔 치곤 했었는데 프랑스에 오고 나선 한 번도 칠 수 없었기에 그 리웠다.

그래서 그 이후에 나의 아비뇽에서의 삶은 늦잠을 자고 일어나 피 아노를 치다가 저녁에는 테라스에서 일기도 쓰고 간식도 먹으며 거 리를 내다보고, 밤에는 버스킹을 보러 돌아다니는 것이었다.

이렇듯 사실 연극을 보러 갔지만 정작 내가 더 즐긴 건 음악이었다.

L'été, 여름

마치 두 번째 음악의 날을 맞이한 기분이었다. 그렇게 아비뇽 곳곳을 돌아다니며 많은 버스커들을 만났다. 교황청 앞에서 가사 그대로 음악을 함에 감사하고 행복해 보이던 Thank You For The Music을 부르던 가수, 내가 좋아하는 악기인 바이올린을 파워풀하게 연주하던 듀오, Isn't She Lovely를 부르며 그곳에 있던 많은 사람을 행복하게 만들어줬던 트리오, 마지막으로는 아비뇽 교황청으로 가는 길에 조그만 골목에서 연주를 하던 기타리스트.

　사실 이 장소는 한 달 전 아비뇽에 방문했을 때부터 마음에 들었던 곳이다. 그때도 이곳에서 누군가 연주를 하고 있었는데 그 분위기와 이 장소가 잘 어우러져서 황홀했었다.

　음악도 좋았고, 내가 좋아하는 장소이고, 혼자 돌아다니는 것도 싫증이 났기에 나는 그의 옆에 앉아서 연주를 들었다. 그러다 와인을 든 그의 친구까지 합세해 기타 연주와 함께 얘기를 나누고 와인을 마시며 아비뇽에서의 밤을 보냈다.

니스 재즈 페스티벌

Le Nice Jazz Festival

재즈를 접한 지 3일째 되던 날에 무작정 지른 표로 인해 6개월 뒤 니스 재즈 페스티벌에서 5일을 보내게 됐다. 이때쯤에 내가 재즈를 안 좋아했더라면 어떻게 했으려고… 또 하루도 아니고 5일씩이나… 나도 나를 알 수 없지만 아마도 쉽게 식지 않을 거라는 강력한 믿음 이 있었나 보다.

사실 니스 재즈 페스티벌에서 '니스'라는 단어를 빼도 된다고 생각 한다. 왜냐하면 정말 재즈 페스티벌만 즐기고 왔기 때문이다. 니스 바다에 들어가 본 적도 없고 니스 전망대에도 올라가지 않았다. 또 니스에 어떤 장소들이 있는지도 잘 모른다. 내가 아는 거라곤 나의 숙소에서 재즈 페스티벌 공연장까지 가는 길뿐이었다.

L'été, 여름

노년

 페스티벌에서는 90살이 넘는 피아니스트의 공연도 볼 수 있었다. 해맑게 아이처럼 피아노를 치는 모습이 인상 깊었다. '나는 90살일 때 무엇을 할 수 있을까? 나도 내가 좋아하는 일을 열정 있게 즐기고 있을 수 있을까?'라는 생각이 들었다.

 니스 오케스트라 분들도 대부분 할머님, 할아버님으로 구성되어 있었다. 나이가 들어도 여전히 열정 있게 무언가를 하시는 그 모습이 정말 아름답게 느껴졌다.

 나는 사실 어른이 되기 싫었다. 인생의 찬란함은 딱 10대까지라고만 생각했기 때문이다. 그래서 어린이였을 때도 어린이인 게 좋았고, 10대였을 때도 10대인 게 좋았다.

 그런데 결국 20대가 되어버렸고, 나는 나의 20살을 목놓아 울며 맞이했었다. 20살도 받아들이기 힘들었던 '나'이기에 노년이 되었을 때의 모습은 더더욱 상상할 수 없었다. 어떠한 꿈도 가지지 못했고 기대 또한 없었다. 노년이 되었을 때 무언가를 할 수 있다는 생각이 없었기 때문이다. 그러나 이제는 차츰 노년을 기대하고 그려볼 수 있게 됐다.

L'été, 여름

Le Jardin Exotique d'Èze

L'été, 여름

늦은 나이

나는 나이로 한계를 짓는 것에 익숙했다. 왜냐하면 우리나라에서는 나이가 꽤 중요하게 여겨지고 있기 때문이다. 내가 처음 꿈을 이루기에 늦었다고 생각했을 때는 12살쯤이었다. 지금은 안다. 너무나도 어린 나이였다는 걸.

재즈 바에서 한 피아니스트랑 대화를 나눴던 적이 있다. 나는 그에게 피아노를 언제부터 시작했는지를 물었고 아마도 12살쯤 아니면 그것보다 더 많았던 것 같다. 나는 이미 늦었다는 주변의 말에 꿈을 포기했을 때인데 이 사람은 시작을 했다는 게 놀라웠고 씁쓸했다. 나도 그런 용기가 있었으면 좋았을 걸이라는 생각이 들었다.

문득 이 사람에게는 용기가 아니었을 수도 있겠다는 생각도 든다. 왜냐하면 프랑스에 살면서 이 사람들에겐 나이가 우리나라만큼 중요하게 여겨지는 것은 아니라는 걸 알게 되었기 때문이다.

나의 20대는 10대 때보다 꽤 재밌는 일들로 채워지고 있다. 그리고 1년 1년 깨닫게 되는 것들도 많고 쌓이는 경험들도 많기에 나이를 먹는 게 이제는 싫지만은 않다.

하지만 20대는 처음 해보는 것들도 많아 항상 어리숙하기만 하고, 미래에 대한 걱정으로 머리가 복잡하기도 하다. 또 나를 알아가기 시작한 지도 얼마 되지 않아서 아직까지도 나 자신을 잘 모른다.

그래서 30대가 되면 조금 더 안정적인 삶을 살 수 있지 않을까, 나를 더 잘 알고 있지 않을까 하는 기대도 해보고 있다. 그렇게 나이드는 나를 인정하게 됐고 사랑해줄 수 있게 됐다. 또 더는 나이로 나의 꿈에 한계를 짓지 않으려 한다. 사람마다 각자의 시계가 있다고 생각한다.

재즈 페스티벌에는 재즈 음악가뿐만 아니라 다른 음악가들도 공연을 하곤 한다. 그래서 나는 프랑스 래퍼의 공연 또한 볼 수 있었다. 프랑스 래퍼의 공연이라니… 상상조차 하지 못했던 일이다. 그러나 내가 가장 놀랐던 것은 공연을 즐기고 계신 분 중에 할머님과 할아버님도 있었던 점이다.

한국에서는 할머님, 할아버님들과의 접점이 거의 없었다. 기껏해야 버스나 지하철? 20대인 내가 즐겨 찾는 공간엔 대부분 나의 또래들로 가득했다.

하지만 프랑스에서는 내가 가는 모든 곳들에 할머님과 할아버님이 함께했다. 오히려 젊은 사람들의 수를 세는 게 더 빨랐다. 또 이렇게 어딜 가든 노인분들이 계시는 모습을 보며 다양한 연령대가 함께 공존하며 살아갈 수 있는 곳이라는 생각이 들었다.

눈치 보지 않을 권리와 눈치 주지 않을 의무

재즈 페스티벌의 분위기가 달아오르자 한 명씩 앞으로 나오더니 춤을 추기 시작했다. 즐거우면 춤을 추나 보다. 다른 사람의 시선 따윈 신경 쓰지 않고 지금 느끼는 그 기쁨을 그대로 표현하나 보다. 프랑스에는 눈치 보지 않을 권리와 눈치 주지 않을 의무가 있는 것 같다.

이런 풍경은 정말 많이 봤는데 노래를 부르거나 악기를 연주하는 버스커의 공연을 보다 보면 가끔은 그 옆에서 춤을 추고 있는 사람이 있다. 처음에는 같은 팀이라고만 생각했었다. 그러나 한껏 춤을 추더니 그냥 가더라… 그저 자기의 흥을 표현하던 것이었다.

아비뇽에서는 이불을 뒤집어쓰고 다니던 사람도 있었다. 하지만 그녀를 쳐다보는 사람은 아무도 없었다. 또 파리 지하철에선 같이 음악을 듣다가 갑자기 중앙으로 나와 춤을 추던 남녀도 있었는데, 이를 조롱하거나 영상을 촬영하는 사람은 없었다. 또 연인들의 사랑 표현도 자유로운 곳이다.

진짜 '나'

나는 다른 사람들의 눈치를 많이 보는 편이었다. 그렇기에 나의 꿈을 대부분 마음속으로만 품곤 했다. 욕먹지 않기 위해, 나를 지키기 위해.

사실은 완벽해지기만을 기다렸다. '언젠가 나는 완벽한 사람이 될거야. 그러면 그때는 당당해져 있을 것이고 그때는 행동할 수 있을거야'라는 생각을 하며 말이다.

하지만 10년이 지나도 나는 그대로였다. 나는 여전히 내가 상상하던 그 완벽한 사람은 될 수 없었고 딱 하나 달라졌던 건 도전하는 용기가 생겼다는 거다.

20살이 되면서 결심한 게 있다. '다른 사람들의 눈치를 보지 말고 내가 하고 싶은 것을 하자'

고등학생 때는 남들의 시선이 무서워서, 나는 할 수 없다는 생각 때문에, 학생부를 위해 독서 동아리를 했었다면 대학교에선 내가 정말 원했던 춤 동아리에 들어갔다. 물론 들어가기까지도 매우 부끄러웠고 들어가서도 춤을 정말 못 춰서 매일 혼나기도 했다. 하지만 포기하고 싶지는 않았다. 그래서 남들보다 더 많은 시간을 연습실에서 보냈고 결국엔 공연도 올리고 칭찬도 받을 수 있었다.

그 후로 한 계단씩 조금씩 조금씩 또 다른 도전을 하기 시작했다. 그러다 보니 점점 그보다 더 큰 것도 도전할 수 있는 실행력과 용기가 생겼다. 물론 언제나 도전은 어렵고 무섭다. 하지만 그럼에도 실행을 할 수 있는 지금이다.

L'été, 여름

나는 이제 진정으로 나를 지키려 한다. 지금부터라도 차근히 나를 더 알아가고 나만의 시간을 살 것이다. 느리게 가더라도 잠시 길을 잃더라도 내가 가고자 하는 길로 나답게 걸어 나가고 싶다. 또 모두가 같은 속도로, 같은 목적지로 가지 않아도 된다고 생각한다. 그러니 그저 각자의 걸음을 응원해주었으면 좋겠다.

포르투갈 여행

포르투갈을 선택한 가장 큰 이유 중의 하나는 호카곶이다. 호카곶은 유럽 서쪽 대륙 가장 끝에 있는 곳인데, 과거의 유럽인들은 이곳을 세상의 끝이라고 믿었다고 한다. 그래서 가보고 싶었다. 한때 세상의 끝이라고 믿어져 왔던 그곳을.

뒤를 돌아보면 초원이 있고 앞에는 바다가 넓게 펼쳐져 있었다. 바람도 시원하게 불어 마음이 뻥 뚫렸다. 사진으로만 보던 호카곶은 바람과 소리까지 전해주진 못했었는데 직접 보고 듣고 느낄 수 있어 좋았다.

리스본에서는 우연히 한국인을 만나서 같이 여행했다. 사회복지와 관련된 일을 하고 계시던 분이었다. 그전까지 내 주변엔 아무래도 같은 학교에 다닌다든가, 같은 지역에 산다든가, 비슷한 관심사를 가졌다든가 하는 나와 공통점이 하나라도 있는 사람들이 대부분이었다.

L'été, 여름

그런데 바르셀로나에서도, 리스본에서도, 니스에서도 여행이 아니었더라면 아마도 내가 쉽사리 만나보지 못했을 사람들을 만날 수 있었다.

여행을 떠나온 이유도 가지각색인 사람들에게 나에겐 생소한 각자의 분야나 그동안의 인생에 관해 이야기를 들을 수 있던 것도 정말 재밌었다.

포르투에서는 매일 밤 도우루강으로 버스킹을 보러 갔다. 사람들은 버스커의 노래에 맞춰 함께 춤을 추곤 했다. 모르는 사이더라도 말이다. 마지막 날 저녁에도 도우루강으로 향했다. 기타를 치며 노래를 부르고 있는 버스커가 있었다. 바로 어제 도우루강에서 기타를 옆에 둔 채 앉아 있던 분이다.

어제의 나는 이분이 여기서 계속 버스킹을 하는 분인지, 아니면 잠깐 놀러 온 건지, 버스커가 맞다면 어떤 공연을 하는지 아무것도 몰랐지만 왠지 보고 싶었다. 그래서 한참을 그 주변을 맴돌며 기다렸었지만 끝내 볼 수 없었다.

그녀의 공연을 본 것도 아니지만, 사실 버스커가 맞는지도 확신이 없었지만 왜 그렇게 다시 만나고 싶었는지는 모르겠다.

비록 타이밍을 잘못 잡아서 두 곡의 노래밖에 들을 수 없었지만 그녀의 노래는 잔잔하고 담담하고 따뜻했다. 뒤로 펼쳐져 있는 도우루강과 동루이스다리의 야경, 그리고 그녀의 버스킹, 나와 함께 그녀의 노래에 집중해 있는 사람들까지 완벽했다. 포르투에서의 마지막 날을 그녀의 노래로 마무리할 수 있어 기뻤다.

L'été, 여름

영화를 볼 때도 색감을 가장 중요시하는 나에게
포르투갈이라는 나라는 눈을 어디에다 둬야 할지 모를 정도로
곳곳이 아름다운 색들로 가득한 곳이었다.

거리를 그냥 걷기만 해도 볼거리가 넘쳐흐르는 곳이다.

L'été, 여름

L'été, 여름

L'été, 여름

Casa de Serralv

L'été, 여름

L'été, 여름

8월의 나

오지 않을 것만 같던 8월이 왔다. 내가 한국으로 돌아가야 하는 달이다. 실감이 나지 않아서 그런지 담담하게 흘러간 것 같다. 하지만 예전엔 다음에도 볼 수 있으니까라고 생각하며 쉽게 지나쳤던 풍경들을 이제는 마지막이라는 생각으로 깊숙이 더 눈에 담으려고 했다.

또 가장 그리울 것 같은 공연장과 미술관을 더 열심히 다녔다. 재즈 바에서 내 또래와 공무원 등 다양한 사람들과 인연을 쌓기도 했고, Le Bal에서 전시회를 보기도 했다. 이곳은 1학기 야외 수업 시간에 교수님과 친구들과 함께 왔던 장소라서, 프랑스에 처음 왔던 시기들이 생각나곤 했다.

마지막 여행으로는 프랑스인 친구를 따라 프랑스의 Rouen을 다녀왔다. 그렇게 하루하루 추억들이 채워질수록 끝은 빠르게 다가왔다.

마지막 날

1년이라는 시간은 길다면 길고 짧다면 짧은 시간인 것 같다. 어느 덧 파리에서의 마지막 날이 왔다. 7개월 만에 파리에 돌아온 프랑스 인 친구와 만났다. 여느 날과 다를 것 없이 그녀가 좋아한다는 상점 들을 구경했다.

또 저녁을 먹으려고 고민하다가 내가 먼저 그 근처 음식점을 제안 하며 그녀를 이끌었는데, 그녀는 나의 이런 모습을 보고 "어느새 네 가 이렇게나 파리를 잘 알게 돼서 나를 안내하고 있다니!" 하며 신기 해했다. 맞다. 1년 전까지만 해도 파리는 나에겐 미지의 도시였고, 하나부터 열까지 모든 게 어렵고 두렵기만 한 나날들이었는데, 이제 는 많은 것들이 익숙해진 것 같다.

이날은 마침 나를 처음 재즈에 입문하게 한 음악가들의 공연이 있 었다. 덕분에 어느 선택보다도 멋진 마무리를 할 수 있었다. 재즈 바 가 있는 샤뜰레역 근처를 멍하니 걷고 있는데 누군가 인사를 했다.

고개를 들어보니 재즈 음악가였다. 이렇게 먼저 알아봐 주는 사이가 된 것도 내가 파리에서 보낸 지난 시간을 증명해주는 것 같았다.

공연을 보고 있는 그 시간이 정말 소중했다. 마지막이라는 생각에 모든 순간에 집중했다. 음악이 지나가는 순간들이 아쉬웠고, 소중해서 움켜쥐고 싶은데 금세 달아난 것만 같은 기분마저 들었다.

공연이 끝난 후에는 정리하는 웨이터분들과 음악가들만 남은 문 닫힌 재즈 바에서 술을 마시며 얘기를 나눴다. 공연이 끝난 재즈 바, 흘러나오는 재즈 음악, 바를 정리하며 노래를 부르고 장난을 치는 바텐더, 의자에 앉아 얘기를 나누고 있는 음악가들 그리고 바에 앉아있는 음악가와 나. 이 모든 순간이 완벽했다. 비 오는 파리 거리 곳곳을 지나며 시작했던 1년의 첫날처럼 공연이 끝난 재즈 바에서 음악가들과 함께 잊지 못할 마지막 날이 끝이 났다.

맺는 말

여기까지 저의 만 스물둘, 파리에서의 일 년에 대한 얘기였습니다. 한국에 돌아온 뒤 그리운 마음으로 파리에 대한 글을 쓰기 시작했는데, 어느덧 반년이 넘는 시간이 훌쩍 흘러버렸어요. 그동안 두렵기도 하고 어렵기도 해서 포기했다가 겨우 다시 시작하고, 또다시 포기하고, 또다시 시작하곤 했었는데 결국 책이 나오게 되네요. 글을 잘 쓰는 편이 아니라 걱정이 정말 많았는데요. 그래서 솔직하려고 노력했어요.

제 투고를 받아주신 출판사와 응원해준 친구들과 가족들, 디자인을 맡아준 SH, 일부 사진을 제공해준 SY, SR, YE, SM, DB, 제 책을 읽어주신 분들까지 모두 정말 감사드립니다!

이제 이 맺는 말을 다 적고 나면 책이 제 손을 떠나게 되는데요. 시원 섭섭하네요. 그래도 꽤 오랜 시간 붙잡고 있었으니 이제 그만 끝내야겠죠?

마지막으로 제가 보다 많은 사람들에게 알리고 싶었던 것에 대해 얘기를 하며 그동안의 대장정을 끝마치겠습니다.

혹시 역 앞에서 빨간색 조끼를 입으시고 잡지를 판매하시는 분들을 보신 적 있나요? 이 잡지의 이름은 빅이슈인데요. 빅이슈는 사회 구조로 인한 빈곤 문제를 비즈니스 모델을 통해 해결하는 데 목적이 있습니다. 이를 위해 주거취약계층에게만 잡지를 판매할 수 있는 권한을 주어 자활의 계기를 제공합니다. 권당 5,000원에 판매되며, 이 가운데 2,500원은 판매원에게 돌아가 자립을 위해 쓰이게 돼요. 실제로 2018년 5월 기준 45분이 임대주택에 입주하셨고, 25분의 빅이슈 판매원이 《빅이슈》를 통해 재취업에 성공하셨다고 합니다. 또 인터넷 구매는 여성분들에게 후원이 됩니다. 절대 강요하고 싶지는 않아요. 그저 알고 있는 것과 모르고 있는 것은 다르다고 생각돼서 이 글을 적어봤습니다. 조금 더 멋진 세상이 되었으면 좋겠어요. 그럼 이만 글을 마치겠습니다. 읽어주셔서 감사합니다. 좋은 하루 보내세요!

스물둘,
파리에서의 사계절

초판1쇄 2019년 5월 27일
지 은 이 문성희
펴 낸 곳 하모니북
디 자 인 이세희

출판등록 2018년 5월 2일 제 2018-0000-68호
이 메 일 harmony.book1@gmail.com
전화번호 02-2671-5663
팩   스 02-2671-5662

ISBN 979-11-89930-11-0 03920
© 문성희, 2019, Printed in Korea

값 16,000원

이 도서의 국립중앙도서관 출판예정도서목록(CIP)은 서지정보유통지원시스템 홈페이지
(http://seoji.nl.go.kr)와 국가자료공동목록시스템(http://www.nl.go.kr/kolisnet)에서 이
용하실 수 있습니다.
CIP제어번호 : CIP2019017519